Der Freistaat Sachsen mit seinen Landschaften und Traditionen

Es fotografierte Udo Pellmann

Den Text schrieb Wolfgang Knape

HORST BARGMANN VERLAG FÜR KUNST UND TOURISTIK

ISBN 3-928802-31-3

Fotos: Udo Pellmann, Dresden
Text: Wolfgang Knape, Leipzig
Bezuggestaltung: Rolf Kunze
Innengestaltung: Marlis Freitag
Gesamtherstellung: Druckerei zu Altenburg GmbH

Von einem der auszog …

Kürzlich begleitete ich einen Germanistikprofessor aus Vermont (USA) durch Sachsen. Der Mann war bereits ein wenig betagt und wollte sich, indem er auf den Spuren des jungen Goethe und auf den Wegen von Gellert, Lessing und Karl May, von Bach und Ludwig Richter, von Caspar David Friedrich, Weber, Wagner und der Gräfin Cosel durch Sachsen wandelte, endlich einen alten Jugendtraum erfüllen.
So reisten wir hierhin und dorthin; von Leipzig an die Elbe nach Meißen, nach Dresden hinüber und weiter hinauf in die Berge der Sächsischen Schweiz; wir zogen vom Vogtland über den Fichtelberg, zum Czorneboh und tief hinein in das Lausitzer Land. Wir waren bei Lessing in Kamenz und standen bei Bettina von Arnim an der Neiße in Pücklers Park …
Während unseres Unterwegsseins wurde der Professor aus Vermont zunehmend aufgekratzter. Sobald wir mit dem Zug fuhren, stand er am heruntergezogenen Fenster und winkte den Leuten begeistert zu. „Alles Sachsen!“ freute er sich dann immer. „Alles Sachsen!“ Und er winkte und winkte und winkte, wie Amerikaner eben so sind. Wenn wir auf unseren Wanderungen Einheimischen begegneten, klatschte er begeistert in die Hände und konnte sich nicht satt hören an ihrer Sprache, die oft so ganz anders war, als er das von Vermont aus vermutet und seinen Studenten beigebracht hatte. Auf einem Bahnhof im Vogtland umarmte er einmal eine völlig überraschte, kleine vogtländische Frau. Die Dame war offensichtlich von einer längeren Reise aus den alten Bundesländern zurückgekehrt, sie hatte ihren Koffer mit einem Seufzer der Erleichterung auf dem Bahnsteig von Oelsnitz abgesetzt und dabei den bemerkenswerten Satz gesagt: „Derham is derham!“
Vor Schneeberg mußte ich den Professor sogar stützen, weil er vor Rührung zu weinen begann und sich nicht mehr beruhigen konnte, als zwei Mädchen vor ihm stehenblieben und ohne Scheu „Mei Arzgebirg, wie biste schie!“ sangen; und in der Oberlausitz gab er sogar einem Mann zwei Dollar, damit er ihm bei der Artikulation des rrrollenden Lausitzer „R“ in den Mund schauen durfte. Eine freundliche Großmutter aus Wuischke bei Bautzen, die eine schwarze Haube mit langen Schleifen auf dem Kopf und eine bis auf die Schuhe hinabreichende schöne Tracht auf dem Leibe trug und sich in ihrem Blumengarten aufrichtete, als wir vorüberkamen, verstand er überhaupt nicht. Natürlich hatte der Professor gewußt, daß es auch im Deutschen Dialekte gibt. Er hatte es aber einfach nicht für möglich gehalten, daß ein einziges Bundesland so überreich damit gesegnet sein könnte und mit den Sorben sogar ein Volk innerhalb der sächsischen Grenzen zu Hause ist, dessen Sprache und dessen Kultur eine völlig andere Wurzel haben.
Das alles ist – genau besehen – schon eine Merkwürdigkeit, die aus der

langen Geschichte und aus der besonderen geographischen Lage Sachsens herrührt und über die man in einem solchen Buch schon ein paar Sätze verlieren sollte.

Geschichte auf Kacheln

Wer in die Landeshauptstadt Dresden kommt und im Benennen von berühmten Sachsen und historischen Eckdaten noch einige Unsicherheiten hat, der sollte seine Schritte zum nahe der Hofkirche gelegenen Georgentor lenken. Dort befindet sich nämlich die unterhaltsamste Stallhofwand Mitteleuropas. Auf der der Augustusstraße zugewandten Seite hatte Professor Wilhelm Walter im vergangenen Jahrhundert ein bewegendes Wandbild geschaffen, einen in Sgraffitomalerei ausgeführten Zug der Wettiner, mit dem er die achthundertjährige Geschichte des Fürstenhauses veranschaulichen wollte. Um auch nachfolgende Generationen mit dieser originellen Arbeit zu erfreuen, wurde das einhundert Meter lange Werk zwischen 1903 und 1907 in der Meißner Manufaktur auf fünfundzwanzigtausend Porzellankacheln übertragen.
So kann man noch heute in der Augustusstraße jene fünfunddreißig Markgrafen und Herzöge bewundern, jene Kurfürsten und Könige, die die Geschicke der Mark Meißen und des späteren Sachsenlandes mitgestaltet haben. Sympathisch an diesem „Fürstenzug" ist, daß auch der Bergmann und der Bauer, ohne die es die Voranziehenden ja nie und nimmer zu solchem Reichtum und Ansehen hätten bringen können, nicht ausgespart blieben. Namhafte Maler und Bildhauer wie Ludwig Richter und Johannes Schilling schreiten am Ende des Zuges; auch ein Architekt, ein Altertumsforscher und der leitende Hofbibliothekar, womit schon auf die reichen Traditionen in Kunst und Wissenschaft hingewiesen wird. Ein Student der Alma Mater Lipsiensis und ein Studiosus der technischen Wissenschaften zu Dresden sowie der fröhlich sein Banner schwenkende Kruzianer verdeutlichen, was Sachsens Ruhm noch so alles ausmacht.
Angeführt wird der „Fürstenzug" von Konrad dem Großen, dem es 1127 geglückt war, den Erbanspruch der Wettiner auf die Markgrafenwürde durchzusetzen. Er und seine Nachfolger gaben der Markgrafschaft Meißen die endgültigen Grenzen. Von 1242 an gehörte auch Thüringen zum Einflußbereich der Wettiner.
Das eigentliche Herzogtum Sachsen war zu dieser Zeit noch ohne Bedeutung für unser Gebiet. Es lag im heutigen Niedersachsen. Später kam ein Wittenberger Ableger hinzu, wodurch der Sachsen-Name ein Stück elbaufwärts wanderte. Als die Askanier ausstarben, belehnte Kaiser Sigismund Friedrich den Streitbaren mit dem Herzogtum Sachsen-Wittenberg. Das war zwar klein, da aber die Kurwürde und sogar ein Herzogstitel daranhingen, zögerte Friedrich keinen Augenblick. Von da an

waren die Wettiner zu den „Großen“ aufgerückt; sie waren ein Machtfaktor im Herzen Europas geworden und saßen fortan bei jeder Königswahl mit am Tisch.
1485 teilten die Brüder Ernst und Albrecht das Kurfürstentum. Der eine bekam das Kurland, das Vogtland und Thüringen und zog nach Weimar; der andere baute in Dresden und erfreute sich am lieblichen Rest. Mit der Übertragung der Kurwürde an den Herzog Moritz von Sachsen, der zugleich Markgraf von Meißen war, erreichte der Name Sachsen im Jahre 1548 endgültig Dresden.
Unter einem so verheißungsvollen Landesnamen lebte man natürlich gern. 1635 kam auch die bis dahin böhmische Oberlausitz an Sachsen; später gelangte ein sächsischer Kurfürst sogar auf den polnischen Thron ...
Als man auf sächsischen Straßen französisch parlierte, wurde das Kurfürstentum von Napoleon zu einem Königreich von seinen Gnaden aufgewertet. Strafe muß sein, sagten sich die Sieger 1815 zu Wien und gestatteten vor allem den Preußen aus dem sächsischen Kuchen herauszuschneiden, was ihnen gefiel. Sachsen schrumpfte auf ein Drittel seines einstigen Territoriums. Mit diesem Drittel-Sachsen haben wir es heute in der Hauptsache zu tun, wenn vom Freistaat die Rede ist, denn weder die Abschaffung der Monarchie im Jahre 1918, noch die Jahrzehnte danach, in denen es schon einmal einen Freistaat gegeben hatte, ein Land Sachsen und drei eigenständige Bezirke, bis es 1990 zur Wiedergründung des Freistaates Sachsen kam, haben daran etwas verändern können.
Daß die Sachsen nach einer so schmerzhaften Amputation nicht verzweifelten und depressiv wurden, hat zum einen mit ihrem sonnigen Gemüt, zum anderen mit ihrer Welterfahrung zu tun. Nicht zuletzt aber auch mit der großartigen Landschaft, in der das verkleinerte Sachsen lag und die den Freistaat auszeichnet.

Vom schönen Leben auf der schiefen Ebene

Die Sachsen haben zwar kein eigenes Meer, dafür aber eine Landschaftsvielfalt, um die sie andere immer wieder beneiden. In Sachsen ist es nicht nur eben und nicht nur bergig; hier findet man so gut wie alles. Es gibt Flachland, Hügel, Heide und Wald, es gibt Gebirgszüge mit gleich zwei stattlichen Tausendern; außerdem liebliche Flußlandschaften, Weinberge und einzigartige Cañons, ohne die dem Sachsen Karl May so manche Geschichte gar nicht hätte einfallen können. In vielen Gegenden ist die Landschaft bis heute vom Bergbau geprägt. Jahrhundertelang war er die Quelle allen Reichtums. Sachsen fühlten sich deshalb sowohl in der Erde als auch auf den Bergen Zuhause. Eine bewegende Vorstellung. Ein Volk, das Tiefen und Höhen tatsächlich kennt!

Wenn man in Sachsen unterwegs ist, wird man das Gefühl nicht los, sich ständig auf einer schiefen Ebene fortzubewegen. Kein Wunder, und der Blick auf die Karte beweist es auch: Im nördlichen Teil breiten sich die Leipziger Tieflandsbucht, die Dübener Heide und die Dahlener Heide aus, und auch im Nordosten prägt um Weißwasser, um Bad Muskau und Hoyerswerda eine anmutige Heidelandschaft das Bild. Nach Süden hin geht es aber allmählich aufwärts, ins Vogtland hinauf, vor allem aber ins Erzgebirge, einem 150 Kilometer langen Gebirgszug, der wie eine Schwelle das Land begrenzt. Jede dieser Landschaften hat ihre Eigenheiten.

Das Vogtland ist anders als das hinter dem oberen Elstertal beginnende Westerzgebirge. Die Sächsische Schweiz ist ein vierhundert Quadratkilometer großer Nationalpark, der mit seinen zerklüfteten Felsmassiven, seinen einzigartigen Gipfelausblicken, den Tafelbergen, Kletterfelsen und Sandsteinwundern weit und breit ohne Konkurrenz ist. Das hatten Anton Graff und Adrian Zingg, zwei in Dresden lehrende Zeichenprofessoren, vor über zweihundert Jahren diesen beziehungsvollen Namen finden lassen.

Das sich der Sächsischen Schweiz anschließende Oberlausitzer Bergland kann man getrost ohne Kletterausrüstung erobern, was seine Bedeutung und Schönheit jedoch keineswegs schmälert. Das Zittauer Gebirge wiederum wird schon allein durch den Berg Oybin mit seinen beiden Ruinen gekrönt, die von Carl Gustav Carus, von Caspar David Friedrich und anderen Künstlern der Romantik immer wieder gemalt wurden.

An vielen Stellen prägen Flüsse das Bild der sächsischen Landschaften und ihrer Städte. Und was wäre Dresden, was wären Meißen, Torgau, Pillnitz oder Königstein ohne den Elbestrom, der als bedeutende deutsche Binnenschiffahrtsstraße gleich hinter dem Rhein rangiert?

Was wäre das Vogtland ohne den jungfräulichen Teil der Weißen Elster? Und die oft bedichtete Pleiße gehört ebenso zu diesem Land wie die Mulde, die sich vor Grimma noch nach den Städten Freiberg und Zwikkau nennt, die einen langen Weg durch Sachsen zurücklegt und an deren Ufern es großartige Burgen und herrliche Schlösser zu entdecken gibt.

Auch die im Lausitzer Bergland entspringende Spree ist sächsisch, was man den Berlinern nicht oft genug sagen kann. Sie entwässert wie alle anderen sächsischen Flüsse in die Nordsee. Lediglich das Wasser der Lausitzer Neiße, die der Gartenkünstler, der Sachse und Fürst von Pückler-Muskau in die Gestaltung seines Landschaftgartens einbezogen hatte, fließt der Ostsee zu.

Mit Dresden, Leipzig und Chemnitz besitzt der Freistaat drei charakteristische große Stadtlandschaften, die, jede für sich, von diesem Land und von seiner Geschichte erzählen. Während Dresden bis in seine Umgebung hinein die alte und neue Residenz verkörpert, hatte sich Chemnitz im vergangenen Jahrhundert vor allem den industriellen Aufschwung auf seine Fahnen geschrieben und sich in der Folge zum „sächsischen Manchester“ entwickelt. Leipzig hingegen war immer die stolze Stadt der Kaufleute, der Handwerker, des Buchdrucks und der Messen; zunehmend aber auch das Zentrum des deutschen Buchhandels, der Künste und der Wissenschaften, was seinen Ausdruck auch in der Art fand, wie und was hier beispielsweise gebaut wurde. Doch das hat schon wieder mit Traditionen zu tun, und Traditionen gibt es gerade in dieser größten Stadt des Freistaates mehr als genug.

Von Tellern, Quellen, Klöppelsäcken und anderen Traditionen

Mit einer Beschreibung der Traditionen in Sachsen könnte man wohl mühelos mehrere Bücher füllen. In dem vorliegenden, für das der Dresdner Fotograf Udo Pellmann die Bilder schuf, wurde versucht, anhand einiger ausgewählter Beispiele die Vielfalt, der der aufmerksame Reisende begegnen kann, zu verdeutlichen.
Traditionspflege hat immer etwas mit Kontinuität zu tun, mit Geschick auch, mit Beharrlichkeit und Talent, mit einem Verwurzeltsein, einer Verbeugung vor den Altvorderen – mit Verantwortung und Spaß.
Weit über ein halbes Jahrtausend alt ist die Geschichte der Thomaner in Leipzig und der Kruzianer in Dresden; noch älter die des sächsischen Töpferhandwerks oder jene des aus vorchristlicher Zeit stammenden Osterreitens in den Dörfern der katholischen Sorben.
Die Staatliche Porzellanmanufaktur in Meißen wiederum liefert den Beweis dafür, daß manches, was später mit dem Namen Tradition verbunden wurde, seine Existenz lediglich einem Zufall zu verdanken hatte. Auch der vorlaute Johann Friedrich Böttger, der sein vermeintliches alchimistisches Talent etwas gar zu laut herausposaunt hatte und deshalb als Staatsgefangener Nr. 1 für August den Starken nach der Goldformel suchen mußte, erfand 1709 versehentlich das Meißner Porzellan.
Manchmal steht auch eine Heilquelle, mit der eine Badetradition begründet werden konnte, am Anfang. Im Erzgebirge machte der Niedergang des Bergbau die Menschen erfinderisch. Und ohne diesen Niedergang wüßten wir heute wohl kaum etwas über Barbara Uttmann aus Annaberg, über den Klöppelsack der Erzgebirglerin, über Klöppelbrief und Klöppelkunst. Und wahrscheinlich gäbe es auch keine Dreher, Schnitzer oder Spielzeugbauer in solcher Zahl.
Traditionen können auch aus der gegenseitigen Befruchtung benachbarter Völker und Kulturen erwachsen. Gerade dafür finden sich bei den Sachsen genügend Indizien. Kein anderes Bundesland hat schließlich

eine sorbische Ur-Bevölkerung mit eigener Sprache, mit eigenem Brauchtum und eigener Kultur vorzuweisen und als Nachbarn hinter den Grenzen gleich zwei weitere alte slawische Völker.

Wer – wie die Sachsen – schon immer an einer solchen Völkerscheide gelebt hat, der besitzt natürlich die Fähigkeit offen zu sein und andere zu integrieren. Daß die Kunstblumenfabrikation in Sebnitz von Zugewanderten entwickelt worden ist, daß der Weltbedarf an Kunstblumen und Kunstfrüchten zu einem bedeutenden Teil von der Sächsischen Schweiz aus befriedigt werden konnte, und zu Beginn des Jahrhunderts in Sebnitz fast so viele Pakete abgefertigt worden sind wie in der sächsischen Residenz, dürfte nicht nur Dresdner bewegen!

Selbst die Tradition des Musikinstrumentenbaus, die Markneukirchen die Bezeichnung eines „sächsischen Cremona“ und dem Vogtland Weltruhm einbrachten, geht auf böhmische Glaubensflüchtlinge zurück.

Vertriebene Protestanten aus Böhmen und Mähren waren es auch, die vor gut zweihundertfünfzig Jahren auf dem Besitz des Dichter-Grafen Nikolaus von Zinzendorf in Herrnhut ansässig wurden. Von hier aus entfalteten sie eine Missionstätigkeit und eine auf Ausbildung und Erziehung ausgerichtete segensreiche Arbeit in der Welt. Bis heute wirken Mitglieder der „Herrnhuter Brüder-Unität“ in diesem Sinne; beispielhaft und zum Wohle ferner Völker. Und auch das ist schon sächsische Tradition …

Im Erzgebirge stehen die bergmännischen Überlieferungen im Vordergrund. Ein großes Fest ist sommers der „Streittag“ (von 1453) mit dem farbenprächtigen Aufmarsch der Bergbruderschaften und der Bergmannskapellen sowie einem eindrucksvollen Berggottesdienst im Bergmannsdom St. Wolfgang. Wer dem einmal beiwohnen durfte und Schneeberg in der Weihnachtszeit gesehen hat, der wird diese Bilder als etwas Besonderes in sich bewahren wollen. Und wer dazu noch das Glück hatte, das von Pauken und Bläsern begleitete, kraftvolle nächtliche Konzert der zweihundert Schneeberger Turmsänger aus der Höhe des Domes zu vernehmen, der hat einen wesentlichen Zipfel erzgebirgisch-sächsischer Tradition zu fassen bekommen, dem hat sich ein Tor aufgetan, daß noch tiefere Einblicke gewährt …

Der Dresdner Theaterplatz wird zu Recht als einer der schönsten Plätze Europas gerühmt. Neben Gemäldegalerie und Schloß, neben Hofkirche und Schinkel-Wache steht hier auch das glanzvolle, von Gottfried Semper entworfene Opernhaus; eine architektonische Meisterleistung, die neue Maßstäbe setzte. Das Reiterdenkmal davor erinnert an den volksverbundenen König Johann (1801–1873), der sich vor allem als Gelehrter, als Kunstkenner und Danteforscher einen Namen gemacht hat.

10

Auch die den Zwingerkomplex zum Theaterplatz hin abschließende Gemäldegalerie ist ein Werk Sempers. Pöppelmanns Barockschöpfung fügte der Baumeister einen großartigen, 127 Meter langen Museumsneubau ein, der sich am Stil der italienischen Hochrenaissance orientierte und zur Heimstatt der „Alten Meister" wurde. Das bekannteste Gemälde der inzwischen weltberühmt gewordenen Sammlung der Wettiner, ist die 1754 erworbene „Sixtinische Madonna" von Raffael.

Der Mathematisch-Physikalische Salon und der Wallpavillon im Innenhof des Zwingers, unübertroffene Details aus dem „barocken Wunderwerk", das Matthäus D. Pöppelmann zwischen 1709 und 1728 mit seinem König entwarf.

Die Figurengruppen und der ornamentale Schmuck stammen von Balthasar Permoser und seinen Schülern; und da beim Bau sächsischer Sandstein verwandt wurde, haben Restauratoren und Steinmetzen auch noch im nächsten Jahrtausend ausreichend Arbeit.

Wenn auf dem Altmarkt der lichtergeschmückte, hohe Tannenbaum aufgerichtet wird, wenn das Heer quirliger Händler mit allen Arten von Waren in der bunten Budenstadt Einzug hält, wenn wundersame Düfte die Nasen kitzeln und vorweihnachtliche Weisen erklingen, ist in Dresden Striezelmarkt. Der Name dieses ältesten Volksfestes der Elbestadt geht auf eine frühere Bezeichnung für die Christstollen zurück, und von diesen Dresdner Köstlichkeiten gibt es hier genug.

Weihnachtliches Singen der Kruzianer in der Kreuzkirche. Der berühmte Knabenchor kann auf eine vielhundertjährige Geschichte zurückblicken und fühlt sich in besonderer Weise der Bach- und der Schützpflege verpflichtet. Letzterer hatte einen Großteil seiner kirchenmusikalischen Werke in dieser Kirche zur Aufführung gebracht. Von 1930 bis 1971 wirkte Rudolf Mauersberger als Kreuzkantor und verhalf dem Chor zu Weltgeltung.

Ihren Großen Garten lieben die Dresdner über alles. Errichtet wurde des Landes erste barocke Großanlage von Johann Friedrich Karcher. Mit seinem eigens für diesen Park geschaffenen und 1683 vollendeten Italienischen Palais leitete Johann Georg Starcke das Barockzeitalter in Sachsen ein. Seit dem vergangenen Jahrhundert befinden sich in einem Teil der weiträumigen Anlage sowohl der Zoologische als auch der Botanische Garten.

Daß die Wettiner den sächsischen Sommer bis zuletzt partout nur in Pillnitz verbringen wollten, wer will es ihnen verdenken angesichts dieser herrlichen Parkanlage vor den Toren der Stadt und des von Pöppelmann und Zacharias Longuelune geschaffenen Lustschlosses am Ufer der Elbe. Das hier abgebildete klassizistische Neue Palais entstand mit dem Fliederhof ein gutes Jahrhundert später und stellt eine gelungene Verbindung zwischen Wasser- und Bergpalais her.

Vom Jahre 1710 an wurde auf der Albrechtsburg Porzellan hergestellt. Natürlich unter größter Geheimhaltung und unter strengster Bewachung des Erfinders Böttger. 1865 verlegte man die Staatliche Porzellan-Manufaktur ins Triebischtal, wo seit 1916 anhand einer umfangreichen Modellsammlung die Meißner Porzellangeschichte eindrucksvoll dokumentiert wird. In der angeschlossenen „Schauwerkstatt" lassen sich erfahrene Künstler bei der Arbeit beobachten.

Die Elbe bei Meißen. Auf dem felsigen Burgberg – hoch über der tausendjährigen Stadt und nur noch überragt von den Türmen des prachtvollen Doms – erhebt sich die Albrechtsburg und liegt das 1518 vollendete Bischofsschloß. Hier stand die Wiege Sachsens, und hier ist das Land noch immer sächsischer als anderswo; und wenn man am Abend über den dichtbebauten Burgberg und weiter zu St. Afra geht, dann taucht man ein in eine fast vollkommene mittelalterliche Welt.

Die Elbe in Sachsen: Von Dichtern immer wieder besungen, von namhaften Künstlern gemalt; eine Inspirationsquelle für frühe Städteplaner, für Brücken-, für Burgenbauer und Schlössernarren; eine Lebensader, ohne die es um Hamburg schlecht bestellt wäre; ein Wasserweg, an dem hiesige Fischer Jahrhunderte ihr Auskommen hatten und Lastkahn-, wie Ausflugsschiffbesitzer bei stimmigen Wasserständen auch noch heute zufrieden lachen. ▷

Leipziger Baustile: Das 1706 umgebaute Fregehaus in der Katharinenstraße steht für die Blütezeit des Barock in der alten Handelsstadt.

Mit einer neubarocken Fassade versah der Architekt den als Mustermessehaus errichteten „Reichshof“ von 1898 (unten).

An der Geschäftshausfassade darüber, gleichfalls in der Grimmaischen Straße, sind Elemente des Jugendstils ablesbar.

Ohne ein Bild des berühmten Leipziger Rathauses bliebe auch das beste kunstgeschichtliche Standardwerk unvollkommen. 1556 von Hieronymus Lotter zwischen zwei Messen aus rotem Rochlitzer Porphyrtuff errichtet, gehört es zu den schönsten Renaissance-Rathäusern Deutschlands. Die hölzernen Arkaden wurden zu Beginn des 20. Jahrhunderts durch steinerne Laubengänge ersetzt; sie bilden zum Markt hin eine gelungene Ergänzung dieses wundervollen Baudenkmals.

Leipzig ist auch seiner „erzählenden“ Erker wegen berühmt. Der hier abgebildete Runderker erinnert an das im 2. Weltkrieg zerstörte sogenannte „Fürstenhaus“. 1558 errichtet, soll es das vornehmste Renaissance-Bürgerhaus der Stadt gewesen sein. Fast zeitgleich entstand der wiederum auf Hieronymus Lotter zurückgehende Mittelturm der benachbarten Pfarrkirche St. Nikolai. 1731 erhielt er eine zeitgemäße barocke Haube und wurde mit 75 m der höchste Kirchturm der Stadt.

Während St. Nikolai der Ruhm zufällt, das größte und älteste aller noch vorhandenen Leipziger Gotteshäuser und nun auch die in aller Welt bekannte Kirche der „Wende" von 1989 zu sein, erinnert die spätgotische Thomaskirche vor allem an das siebenundzwanzig Jahre währende Wirken Johann Sebastian Bachs in dieser Stadt und an die Leistungen des aus der 1224 gegründeten Thomasschule hervorgegangenen Knabenchores und seiner bekanntesten Kantoren.

Daß es selbst Kofferfabrikanten in Leipzig zu etwas mehr bringen konnten, beweist der 1912–14 im Auftrage des kofferliebenden Anton Mädler entstandene, dreigeschossige Meßpalast recht überzeugend. Diese beliebteste Leipziger Ladenstraße ist inzwischen wieder ein Glanzpunkt der Innenstadt geworden. Ursprünglich befand sich hier ein mittelalterlicher Kaufmannshof, von dem, gottlob, „Auerbachs Keller“ und das beim Faust-Ritt benutzte Faß der Nachwelt erhalten blieben.

Das historische Geschäft in der Petersstraße weckt Erinnerungen und läßt so manches reifere Herz höherschlagen. Vor allem natürlich das der Kaffee-Sachsen, jenes gemütvollen Menschenschlages also, der ohne das tägliche „Schälchen Heeßen“ weder leben noch sterben kann und bei „Kaffee-Richter“ allein des den routierenden Mühlen entströmenden Bohnenduftes wegen nie und nimmer vorbeikäme.

Vom Dölitzer Wasserschloß, das sehr direkt in das Kampfgeschehen während der Völkerschlacht einbezogen war, existiert heute lediglich noch dieses Torhaus. Es dürfte damit der einzige umkämpfte „Zeitzeuge" sein, der uns erhalten blieb. Am 16. Oktober 1813 war Fürst Joseph Poniatowski, der die polnischen Truppen im napoleonischen Heer befehligte und sein Hauptquartier im Schloß hatte, von den Verbündeten überrannt worden. Der Fürst ertrank kurz darauf in der Elster.

Seit 1960 befindet sich im Dölitzer Torhaus ein Museum, dessen besondere Attraktion die Zinnfigurenausstellung ist. In aufwendiger Kleinarbeit wurden Schaubilder geschaffen, die wichtige Phasen der Schlacht darstellen.

Das untere Diorama zeichnet Napoleons Kampf an der Quandt'schen Tabaksmühle am 18. Oktober nach; darüber dokumentieren „verbündete" Zinnsoldaten den opferreichen Kampf gegen den polnischen „Zinn"-Fürsten und seine Mannen am Dölitzer Schloß.

Im Kohrener Land: Mittelalterliche Dorfkirche und Hofeinfahrt in Altmörbitz und liebevoll angelegter Bauerngarten sowie denkmalgeschütztes Sonnentor in Meusdorf.

Die zwischen Elbe und Mulde gelegene Dübener Heide reicht bis weit hinein nach Sachsen-Anhalt. Für den naturhungrigen Städter ist das weitläufige Landschaftsschutzgebiet bequem zu erreichen. Viele finden den Weg hierher, wo es Seen und herrliche Wälder gibt, Wiesen, Äcker und Moor, und wo es nicht nur schön ist, wenn im Spätsommer die Heide blüht.

Für Postgeschichtler ist die Reise durch Sachsen schon allein der herrlich gestalteten Kursächsischen Postmeilensäulen wegen ein Fest. Die Distanzsäulen hatte August der Starke dem Land 1721 per Dekret verordnet. Auf vielen dieser Steine war auch die Muldestadt Wurzen erwähnt, wo es seit 1692 am Crostigall eine ordentliche Posthalterei gab. An deren Existenz erinnert bis heute das mit Krone und sächsisch-polnischem Doppelwagen prachtvoll geschmückte Posttor von 1734.

Auch weite Teile des Kohrener Landes sind wald-, wiesen- und wasserreich und stehen unter Naturschutz. Als kulturgeschichtlich interessantes Erholungsgebiet zog diese Landschaft zwischen Altenburg und Geithain schon frühzeitig Wanderer und Feriengäste an. Und so manch einer schritt neugierig und leicht unter diesem Kohrener Hauszeichen durchs Tor und kam am Ende schwer beladen, doch tiefbefriedigt wieder heraus.

Das Töpferhandwerk hat in dem Städtchen Kohren, das 1934 mit dem Gut Sahlis vereinigt wurde, eine jahrhundertealte Tradition, die durch zwei Töpfereien fortgeführt wird.

Das „Blau-Weiße" aus Kohren hat den Ort weithin berühmt gemacht. Und um solches Geschirr zu erwerben, um in den Besitz der typischen Kohrener Löffelmustergefäße oder anderer Werke zu gelangen, muß man zum legendären Topfmarkt kommen.

Der Kirchgarten von Gnandstein. Eine Kostbarkeit ist die 1190 vollendete Burg. Diese ist die älteste romanische Anlage Sachsens und war vom Mittelalter an im Besitz der Familie von Einsiedel.

Weit blickt man vom 33 Meter hohen Bergfried ins Kohrener Land, das Beschaulichkeit ausstrahlt, unvergeßliche Eindrücke beschert und zum Wiederkommen einlädt.

Schloß Augustusburg auf dem Schellenberg über der Zschopau. Der allein seiner Ausmaße wegen beeindruckende und weithin sichtbare Renaissancebau entstand unter der Leitung des baufreudigen Leipziger Bürgermeisters Lotter für den Kurfürsten August I. Die prunkvolle Vierflügelanlage am Rande des Erzgebirges beherbergt verschiedene museale Sammlungen und ist ein sächsischer Touristenmagnet.

Auf ganz andere Art nimmt uns das Alte Rathaus am Marktplatz von Chemnitz gefangen. 1496 im Stile der Spätgotik vollendet, zeugt es noch heute vom Unternehmungsgeist, vom Wohlstand und vom Stolz hiesiger Bürger. Daß sich ein Arzt und Naturforscher wie Georg Agricola in dieser Stadt sehr wohlfühlte, hier sein Standardwerk über das Bergwerk und das Hüttenwesen schrieb und sogar als Bürgermeister in das Alte Rathaus einzog, wer wollte es ihm verdenken.

Freiberg war die „sächsische Silberkammer“ und die erste freie Bergstadt Deutschlands. Überall findet man deshalb Zeugnisse, die von den Jahrhunderten bergmännischer Tätigkeit erzählen: Hier ein mit Bergbauszenen geschmücktes Portal, da die schindelgedeckte Übertageanlage einer alten Grube, und im Dom trägt ein Bergmann den prachtvollen Kanzelkorb. 1765 wurde die erste montanwissenschaftliche Hochschule der Welt in Freiberg gegründet.

Am Obermarkt in Freiberg. Herrliche alte Bürgerhäuser bilden den stimmungsvollen Rahmen, und zweimal am Tage spielen die Meißner Glocken im Rathausturm das vertraute Bergmannslied. Dem Bergbau verdanken die Freiberger so gut wie alles. Auf dem Marktbrunnen steht Otto der Reiche, der weitsichtige Markgraf, der die Zeichen der Zeit erkannt und vor 800 Jahren das erste Aufschwungprogramm für Sachsen erfolgreich in die Wege geleitet hatte.

Seit über einhundert Jahren ist Annaberg die Hochburg der Posamentenherstellung. Dieses alte Handwerk hat sich seit dem Mittelalter neben dem Bergbau entwickelt und in Krisenzeiten das Überleben vieler Familien möglich gemacht.

Gewebte Bänder, Borten und Schnüre, Fransen, Quasten und besponnene Knöpfe fanden auf den Märkten der großen Städte immer ihre Käufer; und außerdem gab es ja noch die Bergleute und ihre Festtagsuniformen.

Auch Annaberg verdankt seine Glanzzeit dem Bergbau, der manch gescheiten Kopf, selbst Adam Ries, anlockte und hier heimisch werden ließ. Im Mittelalter hatte Annaberg sogar mehr Einwohner als Leipzig, was den Bau der zwischen 1499 und 1525 entstandenen größten Hallenkirche im Sachsenland vollauf rechtfertigt und die damals häufig geäußerte Ansicht, „zu Annebarg fangt de Walt aa“, befriedigend erklärt. Das spätgotische Rathaus entstand 1508.

Pöhlberg. Blick zum Fichtelberg, dem
„Mount Everest“ des Erzgebirges. ▷

Daß in den Schnitz-, den Drechselarbeiten die Verbundenheit des Schöpfers mit seiner Heimat und mit dem Bergbau bis heute einen hohen Stellenwert hat, ist auch an dieser von Walter Werner geschaffenen „Bergparade“ abzulesen.

Wer sich diesem schönen Handwerk einmal verschrieben hat, kommt nicht wieder davon los. In manchen Seiffener Familien saß schon der Urgroßvater mit dem Schnitzmesser am Tisch; und auch Walter Werner, der „Männelmacher" aus Seiffen, könnte sich ein Leben ohne Holz und ohne seine Figuren nicht mehr vorstellen.

Im Erzgebirgischen Spielzeugmuseum:
Der hölzerne Lichterengel und der lichtertragende Bergmann ...

und Seiffener Weihnachtsberg ...

Seiffener Reifendreher bei der Arbeit. Auf der Drehbank entsteht aus einer Fichtenholzscheibe ein mit Erhöhungen und Vertiefungen versehener Reifen, aus dem dann durch scheibchenweises Abspalten das beliebte Reifenvieh gewonnen wird.

In der Schauwerkstatt des Freilichtmuseums entstehen Kamele, Kühe und Schafe und so gut wie alles, was in eine Arche Noah gehört. Für einen Pferdereifen benötigt der Drechsler dreizehn Drehstähle, und aus jedem Reifen gewinnt er sechzig Tiere.

Die Spielzeugherstellung hat in Seiffen eine sehr alte Tradition. Und eine Messe, ein Jahr-, ein Striezelmarkt ohne „Seiffener Ware“ war natürlich schon vor einhundert Jahren undenkbar.

Seiffener Idylle.

Bleikristall aus dem Osterzgebirge: An die über 600jährige Tradition sächsisch-böhmischer Glasveredlung knüpft dieser Graveur in Olbernhau an.

Filigrane Handgravur von Bleikristall: veredelter Bach für Liebhaber

Der Bleikristallschleifer bei der Arbeit – darunter ein fertiges Werk

Klöppelvorführungen im Museum für Volkskunst in Dresden. Wer jedoch die originale Umgebung dazu haben will, muß sich ins Erzgbirge begeben, denn dort hat schließlich alles seinen Anfang genommen. Barbara Uttmann aus Annaberg beschäftigte um 1570 schon einige hundert Klöpplerinnen. Der Bedarf an Spitzen war enorm, und die raffiniertesten Muster müssen die Erzgebirglerinnen ersonnen haben.

Verführung für Wanderer und Naturfreunde: Landschaft bei Jugel im oberen Erzgebirge

Das Erzgebirge bietet auch an entlegenen Orten immer wieder Überraschendes. In Zöblitz beispielsweise wird seit dem 15. Jahrhundert die Serpentindreherei als Handwerk gepflegt, ein konkurrenzloses Unternehmen, das dem Ort viel Ruhm eingebracht hat.

Den in kristallinen Schiefern vorkommenden Serpentin gab's vor der Haustür, und die Bearbeitung mit einfachsten Maschinen war erfolgreich. Noch heute werden in Zöblitz exklusive Unikate in Handarbeit gefertigt.

Wie hier in Pobershau erinnern auch in anderen Gegenden des Erzgebirges Schaubergwerke an die vielhundertjährige Tätigkeit der Bergleute in diesem Gebiet. Durch ein Mundloch gelangt man in den „Tiefen Molchner Stollen“ und gewinnt in einem 180 Meter langen Gang eine annähernde Vorstellung davon, wie es einst in einem Zinnbergwerk zuging.

Das winterliche Klingenthal im Musikwinkel und vogtländische Tannen im Schnee

Der Instrumentenbau hat im Musikwinkel eine dreihundertjährige Tradition, und ein wirklich guter Musiker kennt hier einen Meister und holt sich seine neue Posaune, seine Trompete oder Geige persönlich aus dem Vogtland.

Meister Martin Peter (oben) und der Geigenbaumeister Eckart Richter bei der Arbeit

Das Musikinstrumentenmuseum in Markneukirchen ist seiner großartigen Sammlung europäischer, außereuropäischer und nicht zuletzt seiner vogtländischen Musikinstrumente wegen eine Rarität und eine unschätzbare Quelle für Forscher und Musiker, für Instrumentenbauer und Musikinteressierte. Und natürlich erfährt man nur hier sämtliche Details aus der Geschichte der weltbekannten Hochburg des Instrumentenbaus.

Im Kurpark von Bad Brambach. Seit 1922 darf sich der in der südlichsten Spitze des Vogtlandes gelegene Kurort mit dem „Bad"-Zusatz schmücken, was auf Kontinuität schließen läßt. Der Kurbetrieb war bereits ein Jahrzehnt zuvor aufgenommen worden, nachdem die zutage tretenden Mineralquellen manches Wunder bewirkt hatten und im Jahre 1910 die stärkste Radonquelle der Welt ausgerechnet in Brambach entdeckt worden war.

Radon ist ein Edelgas, das beim Radiumzerfall in den tieferen vogtländischen Erdschichten entsteht. Im Quellwasser gelangt es dann an die Oberfläche. Es kommt bei Trink- und Badekuren sowie bei Unterwasserbehandlungen zur Anwendung, weshalb man sich außerhalb der Festhalle (siehe oben) mit anderen Kurenden vorzüglich über rheumatische Schlüsselerlebnisse und über Unregelmäßigkeiten im Herz-Kreislauf-System austauschen kann.

Die älteste vogtländische Kur- und Badestadt ist freilich Bad Elster. Hier existierte schon 1849 ein „Königlich Sächsisches Staatsbad“. Seiner zahlreich sprudelnden Mineralquellen und seiner Moorvorkommen wegen hatte Bad Elster zu keiner Zeit Patientenmangel und konnte sich einen so herrlichen Kurhausbau durchaus leisten. Heute ist es das größte Heilbad in den neuen Ländern.

Vogtländisches Idyll: Tal am Rauner Bach. Folgt man dem Wasser, so gelangt man in das 300-Seelen-Dorf Raun, das viel zum Sehen bietet, darunter eindrucksvolle Holzhäuser, auch solche im Egerländer Stil. Damit auch spätere Generationen daran ihre Freude haben können, hat man den gesamten Ort zum Denkmal erklärt.

Das Alte Rathaus in Plauen …

und der als Plauner Spitze bekannte
Exportschlager der Stadt

Europaweit einmalig: Topasfelsen am Schneckenstein ...

Landschaft bei Pulsnitz. Auch wenn weit und breit kein Mensch, auch wenn keine Hausspitze zu sehen ist: man spürt förmlich die Nähe der Stadt, ahnt diesen Wohlgeruch, der über allem zu liegen scheint, und der von Muskat und Mandelöl herrühren muß, von Fenchel, Anis, Kardamom und Koriander, von Zimt und Nelken und von vielen, vielen anderen Gewürzen, die in Pulsnitz nie ausgehen dürfen und ohne die es keinen Pulsnitzer Lebkuchen gäbe. ▷

und Panorama bei Arnoldsgrün

Typisch für Pulsnitzer Töpferwaren ist die sogenannte geschwämmelte Keramik.

Älter als die Pfefferküchlereien, deren Ersterwähnung schon 1558 nachgewiesen ist, sind die Werkstätten hiesiger Töpfer.

In der Töpferei von Michael Jürgel sieht man sich sehr bewußt in dieser Traditionslinie; das Schild am Haus ist Reverenz genug.

Bereits vor dreihundert Jahren kannte man sich in Pulsnitz mit der Indigofärbung und Blaudruckherstellung aus. Diese alte Technik wird auch heute noch in der Stadt an der Pulsnitz gepflegt.
Eine langwierige Arbeit, die mit dem Herstellen der trapezförmigen Model beginnt. Der Druckstock wird mit „Papp" eingestrichen; und was das ist, das behalten die Blaudrucker als ihr Geheimnis für sich.

Wenn die blaubedruckte Bahn aus dem Farbbottich herausgezogen wird, ist sie grün, womit sich der Färberspruch „Was gut grünt, das tut gut blauen!" erfüllt. Der Laie erkennt die echten Pulsnitzer Blaudruckstoffe daran, daß sie rückseitig ohne Muster sind.

Der Dom St. Peter zu Bautzen. 1543, als die Reformation auch nach Bautzen kam, fragte man sich: Wohin jetzt mit den Evangelischen? Und man beschloß kurzerhand, ein frühes Zeichen für Toleranz und respektvolles Miteinander zu setzen. Fortan fanden beide Konfessionen unter einem gemeinsamen Domdach ihr Zuhause. Die Katholiken richteten sich im Chor ein, die Protestanten im gotischen Schiff, so konnte man leben, und Deutschland hatte seine erste Simultankirche.
Der Name Bautzen hat sich erst im letzten Jahrhundert durchgesetzt. Älter ist Budissin; und Budysin heißt die Stadt bei den Sorben noch immer. Im „Serbski muzej", dem Sorbischen Museum in der Ortenburg, wird ihre Geschichte und wird ihr Beitrag zur europäischen Gesamtkultur veranschaulicht. Die Ortenburg hatte Matthias Corvinus, der Ungarnkönig und einstige Herr der Lausitz, erneuern lassen; sie ist das stolze Wahrzeichen der Stadt.

Osterreiten. In den von katholischen Sorben bewohnten Gebieten der Lausitz hat sich dieser alte Brauch des Flurumrittes bis heute erhalten. Tausende Reiter sind Jahr für Jahr am Ostersonntag unterwegs. Und wer diese bewegende, festliche Prozession einmal miterlebt und die alten slawischen Gesänge vernommen hat, der wird begreifen, daß die Lausitz nicht die Lausitz wäre ohne das Brauchtum und ohne die Leistungen dieses kleinen Volkes.

Protestantisch hingegen geht es in dem von Glaubensflüchtlingen gegründeten Herrnhut zu. Das Gemeindehaus, so die Bezeichnung der Herrnhuter für ihre schlichte Kirche, wurde 1757 geweiht. Im Innern gibt es weder Altar, noch Kanzel oder Taufstein. Die Geschlechter sitzen getrennt, und dem Prediger genügt ein grünbekleideter Tisch. Herrnhut ist das Zentrum der weltumspannenden Brüder-Unität.

Eier im Korb. Zerbrechliche Kunstwerke, die zur Osterzeit in keiner sorbischen Wohnung fehlen dürfen, die Tische und Sträuße schmücken und an ein sehr altes, für das Land der Sorben typisches Brauchtum erinnern. Vor dem Färben werden diese Eier mit flüssigem Wachs verziert, das mit einer Gänsefeder oder Nadel aufgetragen, später erhitzt und wieder weggewischt wird. Dieser Vorgang, mehrmals wiederholt, nimmt Stunden in Anspruch.

Löbau heißt auf Sorbisch Lubij. Die Stadt besitzt die östlichste Sächsische Postmeilensäule, ist Gründungsort des Oberlausitzer Städtebundes und Geburtsstadt der begehrten August-Förster-Flügel. Letztere wurden von 1859 an fleißig gebaut. Da tagte der 1346 geschaffene Städtebund noch regelmäßig im Löbauer Barock-Rathaus am Markt.

T. URBAN
882 1932

An historischem Ort, im 1809 erbauten Haus des Damastverlegers Christian David Waenting in Großschönau, hat das Damast- und Heimatmuseum seinen Platz bekommen.
Dreihundert Jahre alt ist dieses von einem Damastweber geschaffene Altartuch.

Im Museum werden der letzte deutsche Frottierwebstuhl und, als weitere Rarität, ein Damastzugstuhl ausgestellt, an dem „Museums-Weber“ vor den Augen der Besucher zeigen, wie es gemacht wurde.

Bewahrenswerte Beispiele einer ländlichen Architektur: Alte Umgebindehäuser in Großschönau

Häuser und Vorgärten, die den Vorbeikommenden einzuladen scheinen und die viel verraten über den sympathischen Menschenschlag, der hier lebt, der sich sein karges Brot in der Vergangenheit oft genug durch harte Arbeit hatte verdienen müssen und der Heimat dennoch verbunden blieb und fröhliche Lieder sang.

Zittau, reizvoll gelegen im Dreiländereck, hat viele Besonderheiten: Hier schrieb Christian Weise (1642–1708) den ersten deutschen Polit-Roman, und hier war lange ein Zentrum des sächsischen Handels und der Textilherstellung. Am Marktplatz rufen palastartige Barockbauten die Erinnerung an diese Glanzzeit der Stadt wach. Der Brunnen ist ein Werk der Renaissance, das Rathaus im Hintergrund das eines Schinkelschülers.

Ein sicherer Tip für Wanderer und Reisende in Sachsen: Das Dorf Oybin mit seiner waldreichen Umgebung, mit seiner 1709 erbauten Kirche am Berg und einer vier Hektar großen Burg- und Klosterruinenanlage, in der seit zwanzig Jahren die „Oybiner Musiktage" stattfinden und wo beileibe nicht nur die Maler der Romantik auf ihre Kosten gekommen sein dürften.

Seit 1890 verbindet eine dampfbetriebene Schmalspurbahn die Stadt Zittau mit Jonsdorf und Oybin. Von da an gelangte man noch schneller und noch bequemer ins Zittauer Gebirge und hinauf zum 513 Meter hohen Berg Oybin, der im Hintergrund aufragt. Der Bahnanschluß belebte den Fremdenverkehr bedeutend, und schon 1905 war aus dem Dorf Oybin der Kurort Oybin geworden.

In Waltersdorf an der Lausche

Charakteristische Umgebindehäuser prägen auch hier das Antlitz des Ortes.

In der Sächsischen Schweiz bei Lichtenhain. Blick vom Pfarrberg zum fünfhundert Meter hohen, bewaldeten Kleinen Winterberg. ▷

Blumen, die um die halbe Welt reisen und am Ende noch so frisch und ungebrochen wirken wie bei ihrer Geburt, können nur aus Sebnitz stammen, wo sie in mühevoller Handarbeit seit 1837 hergestellt werden. Die Leipziger Messe von 1847 brachte den Durchbruch für die duftlose Schöne aus Sachsen. Sebnitz entwickelte sich zum Zentrum der deutschen Kunstblumenproduktion und sorgte mit seinen Artikeln auf vielen Kontinenten für Frohsinn und mehr Farbigkeit.

Über dem liebenswerten Bergstädtchen gleichen Namens thront auf einem Sandsteinfelsen die Burg Hohnstein. Die Anlage wurde im 12. Jahrhundert als Schutzschild Böhmens gegen die quirligen Sachsen erbaut und hatte bis in die jüngere Zeit hinein eine sehr wechselvolle, auch unrühmliche Geschichte. 1933 richteten die Nationalsozialisten auf der Burg ein Konzentrationslager ein. Heute beherbergt sie, wie schon einmal, wanderfreudige Touristen.

Das Felsentor im Uttenwalder Grund ...

und die Elbe bei Bad Schandau

Ein Blick über die zerklüfteten Vorderen Schrammsteine am rechten Ufer der Elbe und Abschied vom Nationalpark „Sächsische Schweiz" … ▷

Das Foto von Seite 79 stammt von Roger Rössing, Leipzig

Für die Unterstützung bei den Fotoarbeiten danken wir:

Ausstellung Kulturhistorischer Zinnfiguren im Dölitzer Torhaus, Leipzig
Blaudruckwerkstatt Pulsnitz, Pulsnitz
Damast- und Heimatmuseum, Großschöna
Erzgebirgisches Spielzeug- und Freilichtmuseum Seiffen, Seiffen/Erzgebirge
Geigenbaumeister Eckert Richter, Markneukirchen
Kunsthandwerk Walter Werner, Seiffen/Erzgebirge
Metallblasinstrumente Martin Peter, Markneukirchen
Museum für Volkskunst, Dresden
Olbernhauer Glas Pech & Kunte GmbH, Olbernhau/Erzgebirge
Osterzgebirgisches Spielzeug- und Freilichtmuseum Seiffen, Seiffen/Erzgebirge
Schaubergwerk „Tiefer Molchner Stollen", Pobershau/Erzgebirge
Sebnitzer Blumenstuben, Sebnitz
Töpferei Michael Jürgel, Pulsnitz
Töpferei Müller, Kohren-Sahlis
Vereinigte Marmorwerke Zöblitz GmbH, Zöblitz/Erzgebirge
Werkstatt der Volkskunst Volker Füchtner, Seiffen/Erzgebirge

DESCRIPTION OF THE COLOURED PHOTOGRAPHS

LEGENDES

Page 9: Dresden's **Theaterplatz** (Theater Square) is rightly praised as being one of Europe's most beautiful. In addition to the **Gemäldegalerie** (Picture Gallery), **Schloss** (Palace), **Hofkirche** (Court Church), and the **Schinkel Wache** (Guard House), there is also the magnificent Opera House. Designed by Gottfried Semper, it is an architectural achievement which set new standards. In front of the Opera, stands an equestrian statue of King Johann (1801–1873) who made his name, above all else, as a scholar, connoisseur, and Dante researcher.

Page 10: Completing the Zwinger complex in the direction of the Theater Square is another work of Semper's, the Picture Gallery. To Pöpplemann's baroque creation, he added a great 127-meter-long museum which was designed in the style of the Italian High Renaissance and which became home to the **Alten Meister** (Old Masters). The most well-known painting in the Wettin collection is the "Sistine Madonna" by Raphael which was acquired in 1754.

Page 11: The Mathematics-Physics Salon and the Wall Pavillion of the Zwinger's inner courtyard are unsurpassable details of the "baroque miracle" designed by D. Pöppelmann and his king between 1709–1728.
The groups of figures and the ornamental sculpture are by Balthasar Permoser and his students – as Saxon sandstone was used, restorers and stone masons have more than enough work for the next millenium.

Page 12: When on the **Altmarkt** (Old Market) the tall Christmas tree is put up and lit, when the swirling multitudes of merchants of all manner of wares move into the colorful city of market stalls, and when wonderful smells tickle the nose and Christmas carols delight the ear, then Dresden's **Striezelmarkt** (Christmas Market) has opened. The name of this public festival, the oldest in this city on the Elbe, dates back to an earlier name for the famous Christmas yeast cake, **Christstollen.** And, here, there is more than plenty of this speciality to be had.

Page 13: Christmas carols in the **Kreuzkirche** (Church of the Cross) sung by the **Kreuzianer** (Kreuz Choir). The famous boys choir looks back over a centuries-old history and feels a particular obligation to preserving the musical legacy of Bach and Schutz. The majority of the latter's sacral works were performed in this church. From 1930–1971, Rudolf Mauersberger was Cantor and brought the choir world recognition.

Page 14: The people of Dresden love their **Großen Garten** (Large Garden) above all else. This Baroque garden, the first in Saxony, was laid out b Johann Friedrich Karcher. Johann Georg Starcke introduced the Baroque Age to Saxony with his Italian Palace, created especially for this park in 1683. Since the last century, the Zoo as well as the Botanical Gardens have been located on the grounds of this spacious garden.

Page 15: That the House of Wettin insisted on spending their summers, till the very end, only in Pillnitz explains this beautiful park in front of the city gates and the pleasant palaces on the bank of the Elbe which were designed by Pöppelmann and Zacharias Longuelune. Shown above, the classical **Neue Palais** (New Palace) and the **Fliederhof** (Lilac Courtyard) were developed a good century later and create a successful union between water and mountain palace.

Page 16: From 1710 onward, porcelain was produced in the Albrechtsburg. Naturally, under greatest secrecy and the close guard of its inventor, Böttger. In 1865, the State Porcelain Manufactory was moved to Triebischtal where, since 1916, an extensive collection documenting the history of Meißen porcelain can be found. In the adjoining viewing-workshop, one can observe experienced artists at their work.

Page 17: The Elbe near Meißen. On the craggy mountain citadel – high over the thousand-year-old city and crowned by the steeple of the magnificent cathedral – rises the Albrechtsburg and **Bischofsschloß** (Bishop's Palace) completed in 1518. Here is the cradle of Saxony, and here is the land more Saxon than anywhere else, and, in the evening, when one walks down the closely built streets of the citadel toward St. Afra, one is submerged into a almost fully medieval world.

Page 18/19: The Elbe in Saxony. Celebrated by poets time and time again; painted by renowned artists; a source of inspiration for earlier city-planners, for bridge and castle builders and court jesters; a life-line without which Hamburg would be in a sorry state; a waterway on which local fishermen have made their living for centuries and barge and tour boat operators – when the water-level is right – even today can laugh contentedly.

Page 20: Leipzig architectural style. Remodeled in 1706, the Frege House on the Katharine Street represents the blossoming of the Baroque in this old market city.
The Reichshof built to house the Mustermesse (Model Trade Fair) in 1898 was provided with a neo-baroque facade by the architect.
On the Grimmaische Street, above the shop facades, Art Nouveau elements can be seen.

Page 21: Without a picture of the famous Leipzig **Rathaus** (Townhall) even the best art history text would be incomplete. Built in 1556 by Hieronymus Lotter of red porphyry tuff, and between two fairs, it is among the most beautiful of Germany's Renaissance townhalls. In the early 1900s, the wooden arcades were replaced by ones made of stone. Opening onto the market, they are a successful addition to this wonderful monument.

Page 22: Leipzig is also famous for its "narrative" alcoves. The round-alcove, pictured here, draws one's attention to the so-called **Fürstenhaus** (Prince's House) built in 1558 and destroyed in the Second World War. It was supposed to have been the most elegant, Renaissance bourgeois residence in the city. About the same time, the middle steeple of the neighboring parish church, St. Nikolai was erected by Hieronymus Lotter. In 1731, the steeple was capped with a then-contemporary Baroque dome; and with a height of 75 m, it became the highest church steeple in the city.

Page 23: The reputation on St. Nikolai rests on its being the oldest and largest still-existing church in Leipzig; and more recently, in 1989, it became known world-wide as the church of the **Wende.** The Thomaskirche, a late Gothic church, is known primarily for the twenty-seven year tenure of Johann Sebastian Bach and for the achievents of its boys choir – which evolved out of the **Thomasschule** (Thomas School) founded in 1224 – and its most well-known cantors.

Page 24: That even suitcase manufacturers could earn a better living in Leizipig is seen most clearly in the three-story shopping palace commissioned by the suitcase-loving,

Anton Mädler and built between 1912–1914. This most popular Leipzig shopping arcade has again become a highlight of the downtown. Originally this was the site of a medieval merchants yard of which, thank goodness, "Auerbach's Keller" and the "Faust-Ritt" keg have been preserved for posterity.

Page 25: The historical shop on the Peters Street wakens memories and quickens the pulse in many an older heart. This is particularly true for the "Coffee Saxons", a soulful breed, who can neither live nor die without their daily "Schälchen Heeßen" ("cup of hot brew") and who could never rush past the "Kaffee-Richter" without taking in the aroma of beans freshly-ground in the rotating mill.

Page 26: As the Dölitz **Wasserschloß** (Water Palace) was directly involved in the Battle of the Nations at Leipzig, only the Gatehouse exist today. Once could say, it is the only "witness" of the battle to have survived. On October 16, 1819, Prince Joseph Poniat-chowski, who commanded the Polish troops in Napoleon's army and had his headquarters in the palace, was overrun by the allies. Shortly afterward, the Prince drown in the Elster.

Page 27: Since 1960 there has been a museum in the Gatehouse at Dölitz. Its special attraction is an exhibition of tin figures. The most important phases of the battle are shown in elaborate detailed dioramas.
The lower diorama depicts Napoleon's battle at the Quandt'schen Tobacco Mill on October 18; the one above, documents the "allied" tin soldiers pitted in combat against the Polish "tin" Prince and his people at the Palace at Dölitz.

Page 28/29: Kohren countryside: Medieval village church and courtyard entrance in Alt-Mörbitz and lovingly tended farmers gardens, as well as, the registered **Sonnentor** (Sun Gate) in Meusdorf.

Page 30/31: For postal historians the beautifully designed post-mile-markers alone are worth the trip to Saxony. The distance markers were ordered by decree of August the Strong in 1721. On many of these stones the city of Wurzen on the Mulde was mentioned where, since 1692, there had been a proper postal stop at Crostigall. We are reminded of its existence today by the **Posttor** (Post Gate) of 1734, finely decorated with crown and the Saxon-Polish double-wagon.
The Düben Heath lies between the Elbe and the Mulde and reaches far into Saxon-Anhalt. City-dwellers, starved for nature, find this vast national park easy to reach. Many find their way here: where there are lakes and lovely woods, meadows, fields and moors; and where it is always beautiful, not just in summer when the heath blooms.

Page 32: Also a great portion of the Kohren countryside is rich in woods, meadows, and water and is a nature conserve. In terms of cultural history, this interesting recreation area between Altenburg and Geithain attracted hikers and tourists early on. And many walk curiously and lightly under this Kohren sign through the gate and return heavily laden yet deeply satisfied.

Page 33: In the town of Kohren – which was consolidated with the Sahlis Estate in 1934 – pottery is made in two workshops continuing a centuries-old tradition.
The Kohren **Blau-Weiße** (Blue and White) has made this place famous. To purchase such tableware, to get hold of a Kohren **Löffelmuster** (spoon pattern) jar or other pieces, one must go to the legendary **Topfmarkt** (pot market).

Page 34: The church garden in Gnandstein. This castle, completed in 1190, is a treasure: it is the oldest Romanesque structure in Saxony and from the Middle Ages on was in the possession of the Einstiesdel family.

Page 35: On the 33-meter-high Bergfried, one can see far and wide over the Kohren countryside which radiates tranquility, bestows unforgettable impressions, and invites return.

Page 36: The Palace of Augustusburg on the Schellenberg above the Zchopau. The Renaissance building is impressive in its dimensions alone and is visible from afar. Built under the direction of the active Leipzig mayor, Lotter for the Elector August I, the splendid four-wing construction at the edge of the Erzgebirge (Ore Mountains) houses several museum collections and is a Saxon touristmagnet.
Page 37: The **Alte Rathaus** (Old Townhall) on the Market Square in Chemnitz attracts us in a completely different was. Completed in 1496 in late Gothic style, it testifies to the initiative, wealth, and pride of the local citizens. The doctor and natural scientist, Georg Agricola lived here and wrote his standard work about mining and mineralogy. He even moved into the Old Townhall as mayor.

Page 38/39: On the **Obermarkt** (Main Market) in Freiberg. Beautiful, old bourgeouis houses form an impressive frame, twice-a-day the Meißen bells in the Townhall tower play the familiar miners tune. The citizens of Freiberg owe just about everything to mining. Standing on the market fountain is Otto the Rich, a far-sighted margrave who 800 years ago read the signs of the times and initiated the first successful development program for Saxony.
Freiberg was the "Saxon silver chamber" and the first free mining city in Germany. Everywhere, therefore, one finds evidence of the importance of the old occupation: here a portal decorated with scenes of mining; here an above-ground installation of an old pit; and in the cathedral a miner carries a magnificent "Kanzelkorb". In 1765 the world's first College of Mining was founded in Freiberg.

Page 40: For over one hundred years Annaberg has been the center of the notions industry. Since the Middle Ages, this old trade developed along with mining and has enabled families to survive in times of crisis.
Woven ribbons, borders, cords, fringes, tassels, and covered buttons have always found their buyers at the markets in big cities – and there were always the miners and their holiday uniforms, too.

Page 41: Also Annaberg owes its heyday to mining which attracted many a bright man – even Adam Ries felt at home here. In the Middle Ages Annaberg had more inhabitants than Leipzig which explains the construction of the largest hall church in Saxony (built between 1499–1525) and the then oft-voiced opinion, "In Annaberg the world begins".

Page 42/43: Pohlberg. A view toward Fichtelberg the "Mount Everest" of the Ore Mountains.
Page 44/45: That, to this day, carving and turning connect the maker to his hometown and to mining can be seen in this "Mountain Parade" by Walter Werner.
Once a man has tried his hand at this craft

he cannot get away from it. In some Seiffen families, the great-grandfather sat the table with his carving knife. Walter Werner, the "Maker of Little Men", can not imagine a life without wood or without his figures.

Page 46/47: In the Ore Mountains Toy Museum: the wooden angel candlestick, a light-carrying miner, and a Seiffen Christmas mountain.

Page 48: A Seiffen ring-turner at his work. On the lathe, from a ring of firwood – one with ridges and valleys and mistaken cuts – a favorite ring-animal will be won.
In the viewing-workshop stand camels, cows, and sheep and just about every other animal that belongs on Noah's Arc. For a ring-horse the turner uses thirteen tools and out of every ring he can make 60 animals.

Page 49: The production of toys in Seiffen has a very old tradition. Even a hundred years ago, a fair, an annual or Christmas market without Seiffen articles was unthinkable.

Page 50: Lead crystal from the eastern Ore Mountains. This over 600-year-old, Saxon-Bohemian tradition is carried on by this engraver in Olbernhau.
Filigree hand-engraving of lead crystal: Bach for enthusiasts.

Page 51: A lead crystal cutter at work. Below a finished piece.

Page 52: A bobbin-lace demonstration in the Museum for Folk Art in Dresden. Still, whoever wants to see the original stage must take himself to the Ore Mountains where it, afterall, all began. In 1570, Barbara Uttmann of Annaberg already employed some hundred lace-makers. The demand for lace was enormous and the most sophisticated patterns must have been devised by these women.

Page 53: Seduction for hikers and nature lovers: landscape near Jugel in the upper Ore Mountains.
Page 54: Even in remote corners the Ore Mountains always offer surprises. In Zöblitz, for example, the craft of serpentine turning – an enterprise without competition – has been practiced since the 15th century and had brought this place fame.
Serpentine, a mineral consisting of hydrous magnesium silicate, was there just in front of the house door, and fashioning it was the simplest of machines was successful. Even today unique hand-made objects are made in Zöblitz.

Page 55: Here in Pobershau, at the viewing mine, one thinks of the miners in this region and of their centuries-old occupation. Down a narrow opening one reaches the "Deep Salamander Tunnel" and in a 180-meter-long tunnel one gets an approximate idea of how it once was to be in a tin mine.

Page 56/57: The wintery Klingenthal in the **Musikwinkel** (Music Corner) and snow-covered pines in the Vogtland.

Page 58/59: The Museum of Musical Instruments in Markneukirchen is a rarity and an invaluable source for researchers, instrument builders, and music lovers because of its wonderful collection of European, non-European, and last but not least, Vogtland musical instruments. Of course, one learns all the details of the history of instrument making in this world-famous center.
There is a three-hundred-year-old tradition of instrument making in the "music corner" of the Vogtland. A really good musician knows a master here and personally picks up his new trombone, trumpet or violin.
Master Martin Peter (above) and the violin master-builder, Eckart Richter at work.

Page 60/61: In the spa park of Bad Brambach. The spa, located at the most southern tip of the Vogtland, has been allowed to use the title "Bad" since 1922. The spa business had begun a decade earlier after mineral springs were found to have worked many miracles; and after it was discovered, in 1919, that the most powerful radon spring in the world was, in all places, in Brambach.
Radon is a rare gas arising from the disintigration of radium deep in the layers of the earth under the Vogtland. It comes up to the surface of the mineral water. It is used in drink and in bathing cures, as well as, in underwater treatments. Outside the auditorium (see above), spa guests can exchange their experiences of rheumatism and irregularities in their circulatory systems.

Page 62: The oldest spa in the Vogtland is unquestionably Bad Elster. Since 1849 a "Royal Saxon State Bath" has existed here. Due to its numerous, effervescent mineral springs and its mud deposits, it has never suffered a lack of guests and so could easily afford such a fine extension. Today it is the largest spa in the new states.

Page 63: A Vogtland idyll: a valley on the Raun. When one follows the creek, one reaches the small village of Raun (pop. 300) which offers much to see including impressive wood houses, some in the Egerland style. The entire town has been declared a national heritage so that it may be enjoyed by future generations.

Page 64/65: The Old Townhall in Plauen ... and the famous export success of the city – Plauen lace.

Page 66/67: Unique in Europe: Topaz cliffs on the Schneckenstein and a panorama near Arnoldsgrün.

Page 68/69: Landscape near Pulsnitz. Even when for far and wide there is not a soul in sight nor a house-top to be seen, one feels the proximity of the city, and one smells the pleasant aromas of nutmeg, almond oil, fennel, anise, cardamom, coriander, of cinnamon and cloves, and of many, many other spices which must never be allowed to run out and without which there would be no Pulsnitz **Lebkuchen** (gingerbread).

Page 70/71: Older than the gingerbread bakeries, which are first mentioned in 1558, are the local potters workshops.
In the workshop of potter Michael Jürgel one sees very clearly the strand of tradition – the sign on the house is reverence enough.

Page 72: For over 300 years, the art of indigo dying and **Blaudruck** (blue print) production has been understood. This old technique is still preserved in the city of Pulsnitz. It is a long process which begins with the production of a trapezoid-shaped model. The block is smeared with paste and just what that is, is a secret the blue-printers keep to themselves.
When the blue printed fabric is pulled out of the dye vat it is green: hence the saying, "What greens well, will blue well". The layman recognizes true Pulsnitz blueprint fabric because there is no pattern on the wrong side.

Page 74: The Cathedral of St. Peter in Bautzen. In 1543 the Reformation came to Bautzen and it was asked, "Whereto with the Pro-

testants?" Without hesitation it was decided to set an example for tolerance and respect for one another.
Henceforth both confessions had their home under the same roof: the Catholics established themselves in the choir and the Protestants in the Gothic nave. Germany had its first "simultaneous" church.

Page 75: Bautzen established its name only in the last century. Older is Budissin and the city is still called "Budysin" by the Sorbs. In "Serbskimuzej" the Sorbish Museum in the Ortenburg their history and contribution to European Culture is displayed. The Ortenburg was renovated by Matthias Cervinus, the Hungarian King and former Lord of Lausitz and it is the proud landmark of the city.

Page 76: Easter ride. In the Catholic, Sorbish areas of Lausitz this old custom, the "Flurumrittes", has been preserved to this day. Year after year, thousands of riders are underway on Easter Sunday. And whoever has experienced this festive procession and the old Slavic songs will understand that Lausitz would not be Lausitz without the customs and achievements of this small people.

Page 77: Very Protestant, however, is Herrnhut which was founded by political refugees. The **Gemeindehouse** (meeting house) which is what they call their simple church was consecrated in 1757. Inside there is neither alter, nor pulpit, nor baptismal font. The men and women sit apart and a green-covered table suffices for the minister. Herrnhut is the center of the worldwide **Brüder-Unitat** (community of brothers).

Page 78: Eggs in a basket. Fragile artwork which during the Easter season must not fail to appear in a Sorbish home, which decorate the tables and bouquets, and which typify a very old Sorbish custom. Before dying, this egg will be decorated with liquid wax, applied by a goosefeather or a needle, later it will be heated and washed away. This process repeated several times takes hours of effort.

Page 79: Löbau is called "Lubij" in Sorbish. The City possesses the most eastern post-mile-marker in Saxony, is the founding place of the Greater Lausitz confederation of Cities, and the birthplace of the celebrated August Förster piano. These have been painstakingly built here since 1859. At this time, the Confederation, formed in 1346, still met regularly in Löbau's baroque Townhall situated on the Market.

Page 80: A historical place. In 1809 the damask-maker Christian David Waenting built a house in Großschönau which has become the damask and local museum.
This altercloth was created by a damask weaver 200 years ago. In the museum, the last German terry-cloth loom and another rarity, a damask room are displayed. The museum's weaver demonstrates before the visitor's eyes how it is made.

Page 81: A worthy example of rural achitecture: old houses in Großschönau.

Page 82: Houses and front yards which seem so inviting to the passer-by and which reveal so much about the likeable people here who, in the past, worked hard to earn their meager living, yet remained loyal to their home and sang happy songs.

Page 83: Zittau, pleasantly located at the corner of three countries, has much to recommend it: Christian Weise (1642–1708) wrote the first German political novel here; the Saxon textile trade and manufacture was, for many years, centered here. The palacial Baroque building on the Market Square reminds us of the heyday of the city. The fountain is a Renaissance work, and the Townhall in the background is a work of Schinkel's students.

Page 84: A good tip for hikers and travellers in Saxony: the village Oybin, with its wooded surroundings, its church on the hill built in 1709, and its four-hectar church and castle ruin. Here for the last twenty years, the Oybin Music Festival has taken place – and many find the visit here worth the trip.

Page 85: Since 1890 a steam narrow-gauge train has connected the city of Zittau to Jonsdorf and Oybin. From here it is quicker and easier to reach the Zittau Mountains and the 513 meter high Mount Oybin which rises in the background. This train connection proved important in generating tourism and by 1905 the village Oybin had become Spa Oybin.

Page 86/87: In Waltersdorf on the Lausche. Characteristic houses shape the face of this place.

Page 88/89: In the "Saxon Switzerland" near Lichtenhain. A view from the Pfarrberg toward the 500 meter high, forrested Kleinen Winterberg.

Page 90: Flowers, which travel halfway around the world and arrive unbroken and fresh as newly cut, can only come from Sebnitz where since 1837 they have been carefully handmade. The breakthrough for the odorless beauties of Saxony came in 1847 at the Leipzig Fair. Sebnitz became the center for the German artificial flower industry and its products provide color and happiness on many continents.

Page 91: Over the charming mountain town, enthroned in the sandstone mountain, of the same name as the castle, Hohnstein. It was built in the 12th century be the Bohemians as a shield against the quick Saxons. Until the recent past, it has had a changeable and notorious history. In 1933 the Nazis erected a concentration camp there. Today, like once before, it shelters enthusiastic hikers and tourists.

Page 92/93: The Elbe near Schandau. The rock gate to the Uttenwalder Grund.

Page 94/95: A view over the rugged Schammsteine on the right bank of the Elbe and a farewell from the National Park "Saxon Switzerland"

Translation by Margaret Ward

Page 9: La place du Théâtre de Dresde n'a pas usurpé sa réputation d'être l'une des plus belles places d'Europe. Au voisinage de la Galerie de peintures et du Château, de l'Eglise de la Cour et de la Garde de Schinkel s'élève sur cette place le magnifique opéra dessiné par Gottfried Semper, un chef-d'oeuvre qui a fait date dans l'architecture. Devant l'opéra, la statue équestre rappelle le souvenir du roi Jean (1801–1873), un souverain proche du peuple qui s'était fait un nom comme savant, connaisseur des arts et spécialiste de Dante.

Page 10: La Galerie de peintures, qui termine l'aile du palais du Zwinger donnant sur la place du Théâtre, est elle aussi une oeuvre de Semper. L'architecte a agrandi la création baroque de Pöppelmann d'un magnifique musée de 127 mètres de long qui s'inspirait du style de la Renaissance italienne et qui devait devenir le foyer des «maîtres classiques». Le plus célèbre tableau de la collection des souverains axons, connue aujourd'hui dans le monde entier, est la «Vierge de Saint-Sixte» de Raphaël acquise en 1754.

Page 11: Le Salon de mathématiques et de physique et le Pavillon des remparts dans la cour intérieure du Zwinger sont des détails insurpassés de la «merveille baroque» que Matthäus D. Pöppelmann dessina avec son roi entre 1709 et 1728.
Les groupes de figures et les ornements sont dus à Balthasar Permoser et ses élèves; et comme c'est le grès de Saxe qui fut utilisé pour la construction, les restaurateurs et les sculpteurs auront encore beaucoup à faire dans le prochain millénaire.

Page 12: Quand le grand sapin tout illuminé est dressé sur la place du Vieux-Marché, quand une armée de commerçants sémillants envahit la place pour y vendre dans un bazar haut en couleurs toutes sortes de marchandises et de denrées, quand des odeurs exquises chatouillent les narines et que l'on entend des chants de Noël, c'est le moment du «Striezelmarkt», comme on appelle à Dresde le marché de Noël. Cette fête populaire, qui est l'une des plus anciennes de la métropole saxonne, doit son nom au «striezel», comme on appelait autrefois le «stollen», une pâtisserie traditionnelle de Noël dont Dresde est le berceau. Il y en aura pour tout le monde!

Page 13: Le Choeur de la Sainte-Croix chante Noël dans l'église du même nom. La célèbre manécanterie s'enorgueillit d'une histoire séculaire et se consacre surtout au répertoire de Bach et de Heinrich Schütz. Ce dernier avait créé une grande partie de sa musique sacrée dans cette église. Sous l'impulsion de Rudolf Mauersberger, cantor de la Sainte-Croix de 1930 à 1971, le choeur a acquis une réputation universelle.

Page 14: La population de Dresde affectionne son Grand Jardin, le parc municipal. Ce premier parc baroque du pays fut dessiné par Johann Friedrich Karcher. Avec son Palais italien construit spécialement pour le parc et achevé en 1683, Johann Georg Starcke inaugura l'ère du baroque en Saxe. Depuis le siècle dernier, le grand parc abrite le Jardin zoologique et le Jardin botanique.

Page 15: Qui reprocherait aux souverains saxons d'avoir jusqu'au dernier, voulu passer l'été exclusivement à Pillnitz, dans ce parc magnifique aux portes de la ville et dans le château de plaisance construit aux bords de l'Elbe par Pöppelmann et Zacharias Longuelune? Le Nouveau Palais sur notre photo fut construit en style classique avec la cour des Lilas un bon siècle plus tard et constitue une transition réussie entre le Palais «au bord de l'eau» et le Palais «sur la hauteur».

Page 16: A partir de 1710, on fabriqua de la porcelaine au château Albrechtsburg. Bien entendu dans le plus grand secret et en soumettant à la surveillance la plus stricte l'inventeur Böttger. En 1865, on transféra la Manufacture royale de porcelaine dans la vallée de la Triebisch, où depuis 1916 une riche collection de modèles donne un aperçu impressionnant de l'histoire de la porcelaine à Meissen. Dans l'atelier de démonstration, on peut observer le travail d'artistes expérimentés.

Page 17: L'Elbe près de Meissen. Sur le rocher du château qui domine la ville millénaire et qui n'est dépassé que par les tours de la splendide cathédrale s'élève l'Albrechtsburg qui voisine avec le château épiscopal achevé en 1518. C'est le berceau de la Saxe, et ici la contrée est encore plus saxonne qu'ailleurs; et le soir, en se promenant sur le rocher du château densément bâti en direction de l'église Ste-Afre, on est plongé dans une atmosphère médiévale.

Page 18/19: L'Elbe en Saxe: toujours chantée par les poètes, peinte par des artistes de renom; une source d'inspiration pour les premiers urbanistes, pour les bâtisseurs de ponts et de châteaux; une artère vitale dont Hambourg ne saurait se passer; une voie d'eau qui faisait vivre pendant des siècles les pêcheurs et qui, encore aujourd'hui, fait rire d'aise les patrons de péniches et de bateaux d'excursion quand le niveau est suffisant.

Page 20: Styles d'architecture à Leipzig: la Fregehaus transformée en 1706 dans la Katharinenstrasse symbolise l'âge d'or du baroque dans la vieille cité commerçante.
L'architecture a donné une façade néo-baroque au «Reichshof» construit en 1898 comme pavillon de la foire d'échantillons. (en bas)
Sur la façade de cette maison de commerce, située elle aussi dans la Grimmaische Strasse, on reconnaît des éléments du style 1900.

Page 21: Le meilleur ouvrage de référence sur l'histoire de l'art resterait incomplet sans une photo du fameux hôtel de ville de Leipzig. Construit en 1556 entre deux foires par Hieronymus Lotter en tuf de porphyre rouge de Rochlitz, c'est l'un des plus beaux hôtels de ville Renaissance d'Allemagne. Les arcades de bois ont été remplacées au début du XXe siècle par des arcades en pierre. Jusqu'à la place du Marché, elles sont le complément bienvenu de ce magnifique monument.

Page 22: Leipzig est également connu pour ses oriels «parlants». Le bow-window représenté ici rappelle la «Fürstenhaus» détruite pendant la Seconde guerre mondiale. Construite en 1558, elle passait pour être la plus élégante demeure bourgeoisie de la Renaissance à Leipzig. C'est à peu près à la même époque que fut construite, également d'après les plans de Hieronymus Lotter, la tour centrale de St-Nicolas, l'église paroissiale voisine. En 1731, elle fut complétée par un dôme baroque, comme le voulait la mode de l'époque, et était avec 75 m le plus haut clocher de la ville.

Page 23: Tandis que St-Nicolas jouit de la gloire d'être la plus grande et la plus ancienne de toutes les églises encore existantes à Leipzig, et d'être désormais connue dans le monde entier comme l'église de la «révolution» de 1989, l'église gothique St-Thomas rappelle surtout les vingt-sept années d'activité de Jean-Sébastian Bach dans cette ville et des mérites de la manécanterie issue de l'école St-Thomas fondée en 1224 et de ses plus célèbres cantors.

Page 24: Même des fabricants de malles pouvaient donner à Leipzig bien plus que les fruits de leur industrie! On en sera convaincu par le palais de la foire de trois étages construit en 1912–14 par le fabricant de malles Anton Mädler. Cette galerie marchande la plus populaire de Leipzig est redevenue aujourd'hui un pôle d'attraction de la vieille ville. Sur son emplacement se trouvait à l'origine une demeure médiévale de marchands, dont le «Caveau d'Auerbach» et le tonneau qui servit de monture à Faust ont été heureusement conservés pour la postérité.

Page 25: Cette boutique historique de la Peterstrasse évoque bien des souvenirs et éveille la nostalgie de maint vieux Leipzigeois. Surtout s'il s'agit de Saxons amateurs de café, cette race cordiale qui ne saurait vivre ni mourir sans sa tasse quotidienne et qui ne saurait passer devant le café Richter sans y entrer, ne serait-ce que pour l'odeur des grains qui émane des moulins qui ne chôment jamais.

Page 26: Du château de Dölitz, qui fut au centre des combats pendant la bataille des Nations de 1813, il ne reste aujourd'hui que cette porte. C'est sans doute le seul «témoin» de la bataille qui nous soit resté. Le 16 octobre 1813, le prince Joseph Poniatowski, qui commandait les troupes polonaises dans l'armée de Napoléon et qui avait établi son quartier général dans le château fut bousculé par les armées alliées. Le prince se noya peu après dans l'Elster.

Page 27: Depuis 1960, la porte du château de Dölitz abrite un musée dont l'attraction particulière est l'exposition de soldats de plomb. Fruits d'un travail délicat, ils concrétisent les grandes phases de la bataille.
En bas, le diorama retrace le combat de Napoléon au moulin de tabac Quandt le 18 octobre; en haut, les soldats de plomb «alliés» reconstituent les combats sanglants contre le prince polonais et ses troupes au château de Dölitz.

Page 28/29: Dans le Kohrener Land: église médiévale et entrée de ferme à Altmörbitz et des jardins paysans aménagés avec beaucoup de soin, et la porte du Soleil, monument classé, à Meusdorf.

Page 30/31: Pour les passionnés de l' histoire des postes, la Saxe vaut le voyage rien que pour les colonnes miliaires joliment décorées dressées par l'administration des postes de l'Electorat de Saxe. En 1721, Auguste le Fort avait ordonné par décret l'érection de colonnes indiquant les distances. On y trouvera souvent la mention de Wurzen, ville sur la Mulde, où existait un relais de poste depuis 1692 au Crostigall. La porte de la Poste de 1734 superbement ornée d'une couronne et de la double voiture de poste saxonne-polonaise rappelle encore aujourd'hui l'existence de ce relais.
La Dübener Heide, une forêt située entre Elbe et Mulde, se prolonge loin dans la Saxe-Anhalt. Pour le citadin avide de verdure, ce grand site protégé est facile d'accès. Nombreux sont les excursionnistes à venir goûter le charme des étangs et des magnifiques forêts, des prairies, des champs et des marais. Cette contrée est belle en toute saison, pas seulement à la fin de l'été quand la lande fleurit.

Page 32: De grandes parties du Kohrener Land sont couvertes de forêts, de prairies et d'étangs et sont des sites protégés. Cette contrée au passé intéressant entre Altenburg et Geithain attire depuis longtemps randonneurs et vacanciers. Et plus d'un, curieux et léger, a franchi la porte de cette maison de Kohren à l'enseigne caractéristique pour en ressortir lourdement chargé mais satisfait.

Page 33: Dans la petite ville de Kohren, réunie en 1934 avec le domaine de Sahlis, le métier de potier a une tradition séculaire qui est continuée par deux poteries.
Le «blanc-bleu» de Kohren a rendu cette ville célèbre. Pour acquérir cette vaisselle, ou bien les pots à motif de cuiller ou d'autres produits typiques de la poterie de Kohren, il ne faut pas manquer le légendaire marché.

Page 34: Le jardin de l'église de Gnandstein. Le château, achevé en 1190, mérite une visite. C'est la plus ancienne construction romane en Saxe. Depuis le Moyen âge, il était en possession de la famille von Einsiedel.

Page 35: Du haut des 33 mètres du beffroi, le regard porte loin dans le Kohrener Land qui rayonne de force tranquille, qui donne au visiteur des impressions inoubliables et qui invite à revenir.

Page 36: Le château d'Augustusburg, sur le mont Schellenberg, domine la vallée de la Zschopau. Ce bâtiment Renaissance, déjà impressionnant par ses dimensions et visible de loin, fut construit sous la direction du bourgmestre de Leipzig Lotter qui, comme on l'a vu, fut un grand bâtisseur, pour l'Electeur Auguste Ier. Le magnifique bâtiment à quatre ailes en bordure des monts Métallifères abrite plusieurs collections de musée et est un haut lieu du tourisme en Saxe.

Page 37: L'ancien hôtel de ville sur la place du Marché de Chemnitz nous captive d'une autre manière. Achevé en 1496 en gothique flamboyant, il témoigne encore aujourd'hui de l'esprit d'entreprise, de l'aisance et de la fierté des citoyens. Quoi d'étonnant à ce qu'un médecin et naturaliste comme Georg Agricola se soit senti bien dans cette ville, y écrivît son ouvrage sur les mines et la fonderie et vînt résider dans l'ancien hôtel de ville comme bourgmestre?

Page 38/39: La Haut marché de Freiberg. De magnifiques maisons bourgeoises séculaires donnent à cette place un cachet particulier, et deux fois par jour, les cloches fondues à Meissen jouent dans la tour de l'hôtel de ville le chant bien connu des mineurs. La population de Freiberg doit pratiquement tout à l'industrie minière. Sur la fontaine du marché trône Othon le Riche, margrave perspicace qui avait su reconnaître les signes des temps et qui avait, il y a déjà 800 ans, lancé avec succès le premier programme de développement de la Saxe.
Freiberg était le «grenier d'argent de la Saxe» et la première ville minière libre d'Allemagne. C'est pourquoi on trouve dans toute la ville des témoignages de plusieurs siècles d'activité minière: ici un portail décoré de scènes de la mine, là le puits couvert de bardeaux d'une ancienne fosse, et dans la cathédrale, c'est un mineur qui supporte la superbe corbeille de la chaire. En 1765, la première école des mines du monde fut fondée à Freiberg.

Page 40: Depuis plus de cent ans, Annaberg est le haut lieu de la passementerie. Ce vieil artisanat s'est développé depuis le Moyen âge parallèlement à l'industrie minière et, en période de crise, avait permis à bien des familles de survivre.

Des rubans tissés, des passepoils et des cordons, des franges, des houppes et des boutons filés trouvaient toujours des acheteurs sur les marchés des grandes villes; et il y avait aussi les mineurs avec leurs uniformes de parade.

Page 41: Annaberg doit elle aussi sa splendeur à l'industrie minière qui attira mainte «tête bien faite», entre autres le mathématicien Adam Ries qui s'y établit. Au Moyen âge, Annaberg avait même plus d'habitants que Leipzig, ce qui justifiait pleinement la construction de la plus grande église-halle de Saxe construite entre 1499 et 1525, et donnait une explication satisfaisante à cette idée souvent exprimée autrefois que «c'est à Annaberg que commence le monde». L'hôtel de ville gothique date de 1508.

Page 42/43: Le mont Pöhlberg. Vue vers le Fichtelberg, l'«Everest» des monts Métallifères.

Page 44/45: Le travail artisanal du bois exprime jusqu'à nos jours l'attachement du créateur à son terroir et à la mine, comme en témoigne cette «parade de mineurs» créée par Walter Werner. Une fois que l'on s'est adonné à ce bel artisanat, on ne l'abandonne plus. Dans mainte famille de Seiffen, l'arrièregrand-père maniait déjà le couteau; et Walter Werner, le «faiseur de bonshommes» de Seiffen, ne pourrait lui non plus s'imaginer une vie sans le bois et sans ses personnages.

Page 46/47: Au musée du jouet des monts Métallifères: la «montagne de Noël» de Seiffen. L'ange de bois et le mineur de fer forgé qui porte des bougies ...

Page 48: Des tourneurs sur bois de Seiffen au travail. Le tour donne naissance à un anneau creux en bois de sapin avec des creux et des bosses à partir duquel on peut tailler des formes d'animaux très populaires.
De l'atelier de démonstration du musée en plein air sortent des chameaux, des vaches et des moutons, et pratiquement tout ce qui trouve place dans l'arche de Noé. Pour faire des chevaux à partir d'un anneau creux, le tourneur a besoin de treize ébauchoirs, et un disque lui suffit pour faire soixante animaux.

Seite 49: La fabrication de jouets est une tradition très ancienne à Seiffen. Et une foire, un marché de Noël sans «articles de Seiffen» était naturellement inimaginable il y a déjà cent ans. Une idylle à Seiffen.

Page 50: Le travail du cristal dans les monts Métallifères orientaux: ce graveur d'Olbernhau continue plus de 600 ans de tradition de l'artisanat verrier en Saxe et en Bohême.
La gravure à la main du cristal est un travail d'une extrême finesse: un portrait de Bach pour les amateurs.

Page 51: Le ponceur de cristal au travail – en bas, l'oeuvre achevée.

Page 52: Démonstration de dentelle au fuseau au musée d'arts et de traditions populaires de Dresde. Mais si on veut voir ce travail dans son cadre originel, on se rendra dans les monts Métallifères, car c'est là que cet artisanat a son origine. Barbara Uttmann d'Annaberg employait déjà vers 1570 quelques centaines de dentellières. La demande en dentelle était énorme, et les modèles les plus raffinés ont certainement été inventés par les femmes des monts Métallifères ellesmêmes.

Page 53: Un paysage séduisant pour les randonneurs et les amis de la nature: les environs de Jugel, dans les hauts monts Métallifères.

Page 54: Les monts Métallifères offrent toujours des surprises, même dans les villages écartés. A Zöblitz, par exemple, le tournage de la serpentine est un artisanat pratiqué depuis le XVe siècle dans une entreprise sans concurrence qui a valu au village une grande réputation.
Les gisements de serpentine dans les schistes cristallins se trouvaient pratiquement à portée de main, et les machines les plus simples suffisaient à un travail de qualité. Aujourd'hui encore, à Zöblitz, des pièces exclusives sont travaillées à la main.

Page 55: Comme ici à Pobershau, des mines-musées rappellent dans d'autres régions des monts Métallifères l'activité séculaire des mineurs. Une simple ouverture de la roche permet de pénétrer dans la galerie «Tiefer Molchner Stollen» et, en parcourant les 180 mètres de ce couloir, de se faire une idée de ce qu'était le travail dans une mine d'étain.

Page 56/57: Ambiance hivernale à Klingenthal, dans le «triangle de la musique» et les sapins du Vogtland sous la neige.

Page 58/59: Le musée des instruments de musique de Markneukirchen est de par sa magnifique collection d'instruments de musique d'Europe, d'autres continents et sans oublier la fabrication locale, une rareté et une source inestimable pour les chercheurs et les musiciens, les facteurs d'instruments et ceux qui s'intéressent à la musique. On pourra bien entendu s'y informer en détail sur l'histoire de ce haut lieu réputé de la facture d'instruments.
Dans le «triangle de la musique», la pointe sud du Vogtland, la facture d'instruments a trois cents ans de tradition, et un musicien qui se respecte y connaît toujours un maître-artisan chez lequel il commande personnellement son trombone, sa trompette ou son violon.
L'artisan Martin Peter (en haut) et le maître-luthier Eckart Richter au travail.

Page 60/61: Dans le parc thermal de Bad Brambach. Depuis 1922, cette station thermale située à l'extrême sud du Vogtland peut se parer du préfixe «Bad», ce qui dénote une certaine continuité. Dix ans auparavant, cette station avait commencé à accueillir des curistes, après que les sources minérales aient fait parfois merveille et que l'on ait découvert en 1910, à Brambach justement, la plus abondante source de radon du monde.
Le radon est un gaz rare qui naît de la décomposition du radium dans les couches géologiques les plus profondes du Vogtland. Par l'eau de source, il jaillit à la surface. Il est utilisé pour les cures thermales et la balnéothérapie, et c'est pourquoi, hors de la salle des fêtes (en haut), on peut discuter entre curistes de la gravité de ses rhumatismes et de ses troubles cardio-vasculaires.

Page 62: Mais la plus ancienne station thermale du Vogtland est Bad Elster. Il y existait dès 1849 un «bain d'Etat du royaume de Saxe». Avec ses nombreuses sources minérales jaillissantes et ses gisements de boue, Bad Elster n'a jamais manqué de patients et pouvait se permettre un pavillon de cure luxueux. Aujourd'hui, c'est la plus grande station thermale dans l'est de l'Allemagne.

Page 63: Un paysage idyllique du Vogtland: la vallée du Rauner Bach. En suivant ce ruisseau, on arrive à Raun, un village de 300 âmes où il y a beaucoup à voir, notamment des maisons de bois typiques, certaines dans le style de l'Egerland, la région voisine en

Bohême. Pour que les générations futures puissent jouir des charmes du passé, le village entier a été classé.

Page 64/65: L'ancien hôtel de ville de Plauen et le principal produit d'exportation de la ville, la dentelle.

Page 66/67 : Une curiosité unique en Europe : le rocher de topaze du Schneckenstein et le panorama vers Arnoldsgrün.

Page 68/69 : Paysage près de Pulsnitz. Même si l'on ne voit ni personne ni le moindre toit, on sent littéralement la proximité de la ville, cette bonne odeur qui semble planer sur tout et dans laquelle on reconnaît la muscade et l'huile d'amande, le fenouil, l'anis, la cardamome et la coriandre, la canelle et les clous de girofle et tous les autres épices qui ne devront jamais manquer à Pulsnitz et sans lesquelles il n'y aurait pas de pains d'épices.

Page 70/71 : Les ateliers de poterie de Pulsnitz sont encore plus anciens que les fabriques de pain d'épices dont la première mention remonte déjà à 1558.
La céramique «épongée» est un article de poterie typique de Pulsnitz.
Dans la poterie de Michael Jürgel, on est fier d'être les continuateurs d'une longue tradition, comme le montre l'enseigne sur la maison.

Page 72 : Il y a déjà trois cents ans, on connaissait à Pulsnitz la teinture à l'indigo et l'impression en bleu. Cette technique ancienne est encore appliquée aujourd'hui.
Un travail long et minutieux qui commence par la fabrication du modèle trapézoïdal. La planche est enduite d'une substance qui reste un secret pour les artisans.
Quand le lé imprimé en bleu sort de la cuve de teinture, il est vert, ce qui confirme l'adage des teinturiers «Ce qui verdit bien bleuit bien!» L'amateur reconnaît les véritables impressions en bleu de Pulsnitz au tissu sans motif au verso.

Page 74: La cathédrale St-Pierre de Bautzen. En 1543, lorsque Bautzen se rallia à la Réforme, on se demanda où les protestants pourraient célébrer leur culte. Et l'on décida sans autre forme de procès de faire preuve de tolérance et de respect mutuel, rares vertus en ces temps troublés. Désormais, la cathédrale allait servir de maison de Dieu aux deux confessions. Les catholiques s'installèrent dans le choeur, les protestants dans la nef gothique. Chacun trouva son compte à ce compromis, et l'Allemagne avait sa première église à culte simultané.

Page 75 : Ce n'est qu'au siècle dernier que le nom de «Bautzen» s'est imposé dans l'usagl courant. La ville s'appelait jusqu'alors Budissin. Et pour la minorité sorabe, la ville s'appelle toujours «Budyšin». Le «Serbski muzej», le musée des traditions sorabes au château Ortenburg, retrace l'histoire de ce peuple et sa contribution à la culture européenne. L'Ortenburg avait été rénové par Mathias Corvin, le roi de Hongrie qui régnait aussi sur la Lusace ; c'est aujourd'hui le fier symbole de la ville.

Page 76: Une cavalcade pascale. Dans les régions catholiques de la Lusace, cette vieille coutume de faire le tour des champs à cheval s'est conservée jusqu'à aujourd'hui. Chaque année, le dimanche de Pâques, des milliers de cavaliers parcourent les villages. Et le touriste qui a déjà assisté à cette procession traditionnelle et écouté les vieux chants slaves comprendra que la Lusace ne serait pas la Lusace sans les coutumes et le travail de ce petit peuple.

Page 77 : Herrnhut, village fondé par des protestants qui avaient fui la Bohême, est par contre un haut lieu du protestantisme. La maison commune, comme les habitants du village appellent leur simple temple, a été consacrée en 1757. Il n'y a à l'intérieur ni autel ni chaire ou baptistère. Hommes et femmes y sont assis séparés, et le prédicateur se contente d'une table tendue de vert. Herrnhut est le centre mondial des «Frères moraves».

Page 78: Des oeufs dans une corbeille. Chefs-d'oeuvre fragiles qui ne sauraient manquer à Pâques dans aucun foyer sorabe. Ils décorent tables et bouquets de brindilles et perpétuent une coutume très ancienne de ce peuple slave. Avant d'être colorés, ces oeufs sont décorés avec de la cire liquide appliquée avec une plume d'oie ou une aiguille, puis cette couche de cire est chauffée et effacée. Ce procédé, répété à plusieurs reprises, nécessite plusieurs heures de travail.

Page 79 : Le nom sorabe de Löbau est Lubij. La ville possède la colonne miliaire postale la plus orientale de Saxe et est le lieu de fondation de la Fédération des villes de Haute-Lusace, ainsi que le siège de la fabrique de pianos August Förster. Ces derniers sont fabriqués depuis 1859. A cette date, la Fédération fondée en 1346 se réunissait encore régulièrement dans l'hôtel de ville baroque de Löbau, sur la place du Marché.

Page 80 : Le musée de la damasserie et des traditions populaires de Gross-Schönau est installé dans un lieu historique, la maison construite en 1809 par le négociant en damasserie Christian David Waenting.
Cette nappe d'autel a été tissée par un damasseur il y a deux cents ans. Le musée expose le dernier métier à tisser les tissus-éponge d'Allemagne et, autre rareté, un métier à damasserie dont des «tisserands de musée» montrent le fonctionnement aux visiteurs.

Page 81 : Des exemples d'architecture rurale qui méritent d'être préservés : des maisons typiques de Haute-Lusace (Umgebindehaus) à Gross-Schönau.

Page 82 : Des maisons et des jardinets qui semblent inviter le passant à entrer et qui en disent long sur les gens sympathiques qui habitent cette région et qui, dans le passé, devaient souvent gagner leur maigre pain au prix d'un dur labeur et qui restèrent pourtant fidèles à leur terroir et chantaient de joyeuses chansons.

Page 83 : Zittau, dont le site attrayant est à la limite de trois pays, offre beaucoup de particularités : c'est ici que Christian Weise (1642–1708) écrivit le premier roman politique d'Allemagne, et Zittau fut pendant longtemps un centre du commerce saxon et de l'industrie textile. Sur la place du Marché, des bâtiments baroques à l'aspect de palais rappellent les temps de sa splendeur. La fontaine est une oeuvre de la Renaissance, l'hôtel de ville au fond celle d'un élève de Schinkel.

Page 84: Excursionnistes et voyageurs en Saxe ne manqueront pas de se rendre à Oybin, un village au pied de montagnes à l'enneigement assuré, avec une église baroque construite en 1709 au pied d'un rocher et quatre hectares de ruines d'un château et d'un monastère où a lieu depuis vingt ans le festival de musique d'Oybin, et qui n'ont certainement pas attiré que les peintres du Romantisme.

Page 85: Depuis 1890, un tortillard à vapeur relie Zittau à Johnsdorf et Oybin. De ces localités, on pouvait se rendre sans peine dans les monts de Zittau et sur l'Oybin, qui culmine à 513 mètres à l'arrière-plan. La liaison ferroviaire donna une forte impulsion au tourisme, et dès 1905 le village d'Oybin était une villégiature homologuée.

Page 86/87: A Waltersdorf, au pied de la Lausche des maisons typiques donnent à ce village son cachet particulier.

Page 88/89: Dans la Suisse saxonne près de Lichtenhain. Vue de la butte du Pfarrberg vers le Kleiner Winterberg, un sommet boisé dont l'altitude atteint 500 mètres.

Page 90: Des fleurs qui voyagent dans le monde entier et qui restent aussi fraîches et aussi intactes qu'à leur naissance ne peuvent venir que de Sebnitz où elles sont fabriquées à la main depuis 1837. C'est la foire de Leipzig de 1847 qui fit connaître ces fleurs sans parfum produites en Saxe. Sebnitz allait devenir le centre de la production de fleurs artificielles en Allemagne, et ses articles vendus sur tous les continents out souvent donné une note de gaieté et de couleur à un morne décor.

Page 91: Le château-fort de Hohnstein domine sur un rocher de grès l'aimable petite ville du même nom. Le château fut construit au XIIe siècle pour protéger la Bohême contre les remuants Saxons, et eut jusqu'à l'époque contemporaine une histoire très mouvementée et parfois peu glorieuse. En 1933, les nazis installèrent un camp de concentration dans le château. Aujourd'hui, comme avant les années noires, il offre un logis aux randonneurs.

Page 92/93: L'Elbe près de Bad Schandau et la porte de rochers dans la gorge d'Uttenwalde.

Page 94/95: Un regard sur les rochers déchiquetés des Schrammsteine sur la rive droite de l'Elbe et un adieu au parc national de la Suisse saxonne ...

Traduction: Intertext-Fremdsprachendienste e. G.